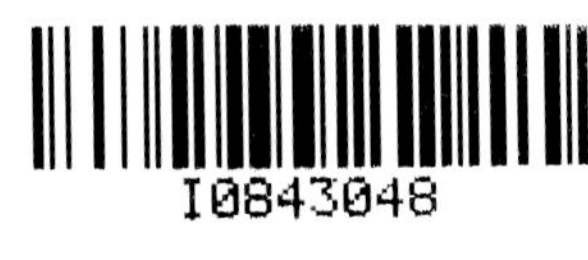
I0843048

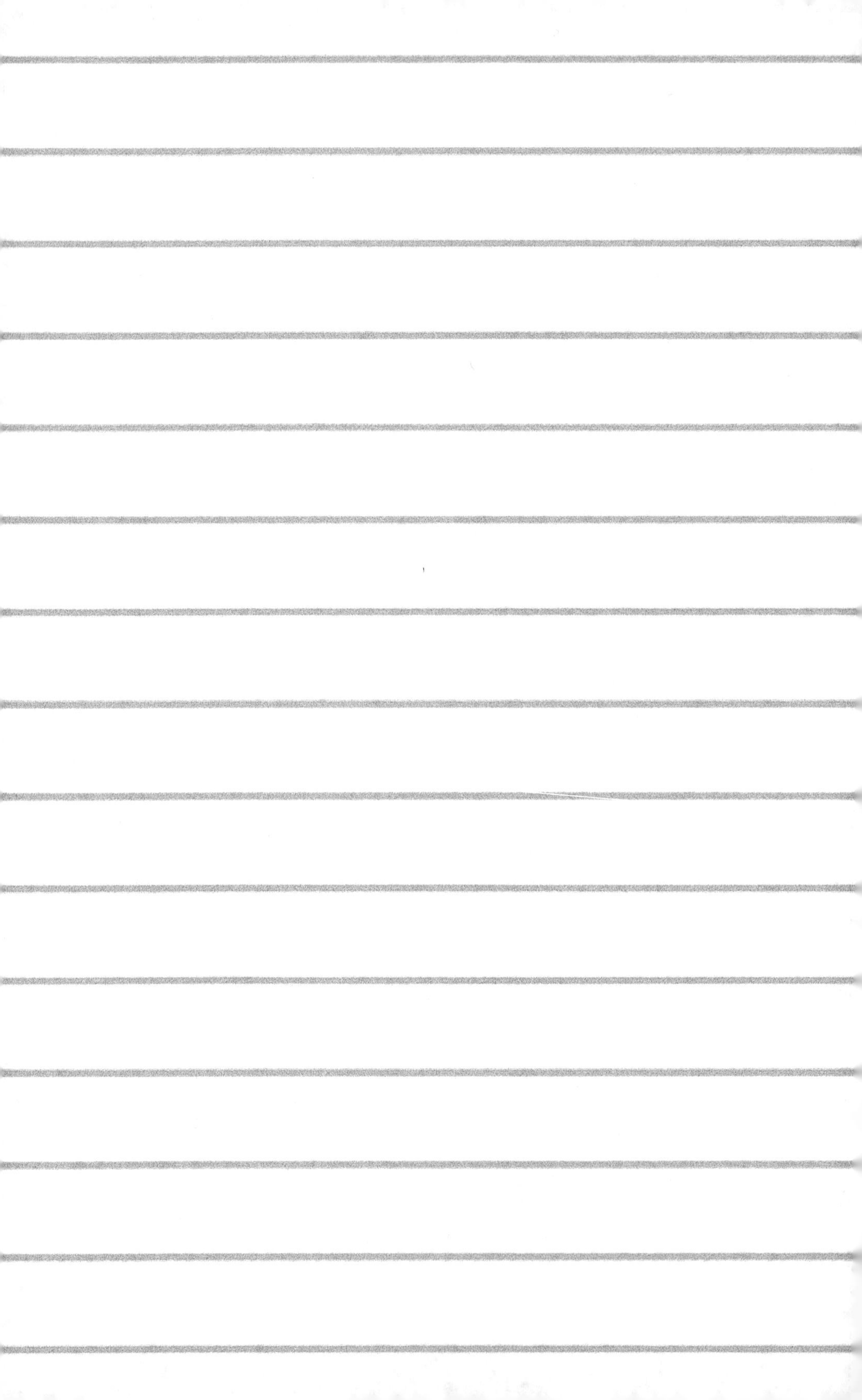

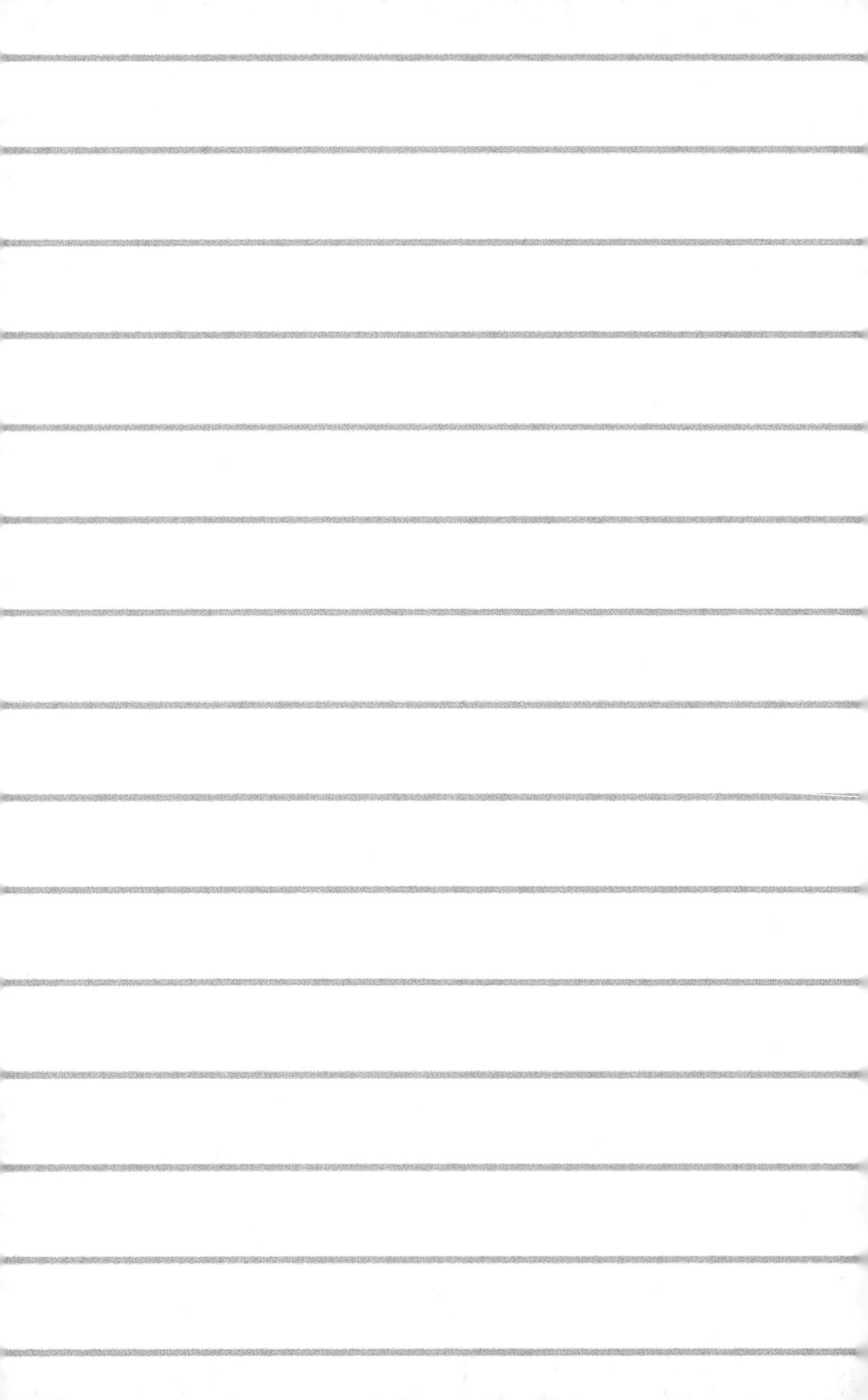

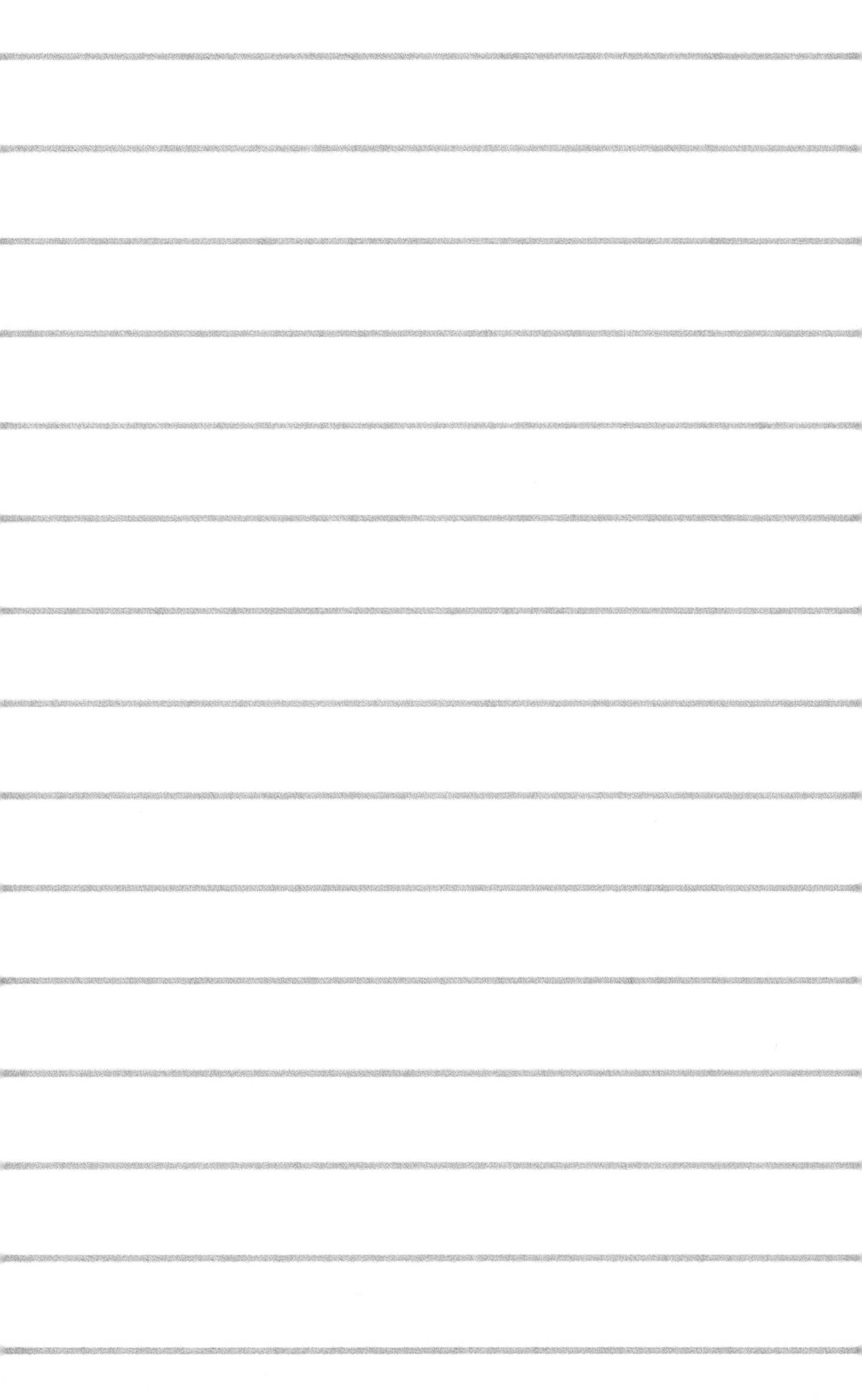

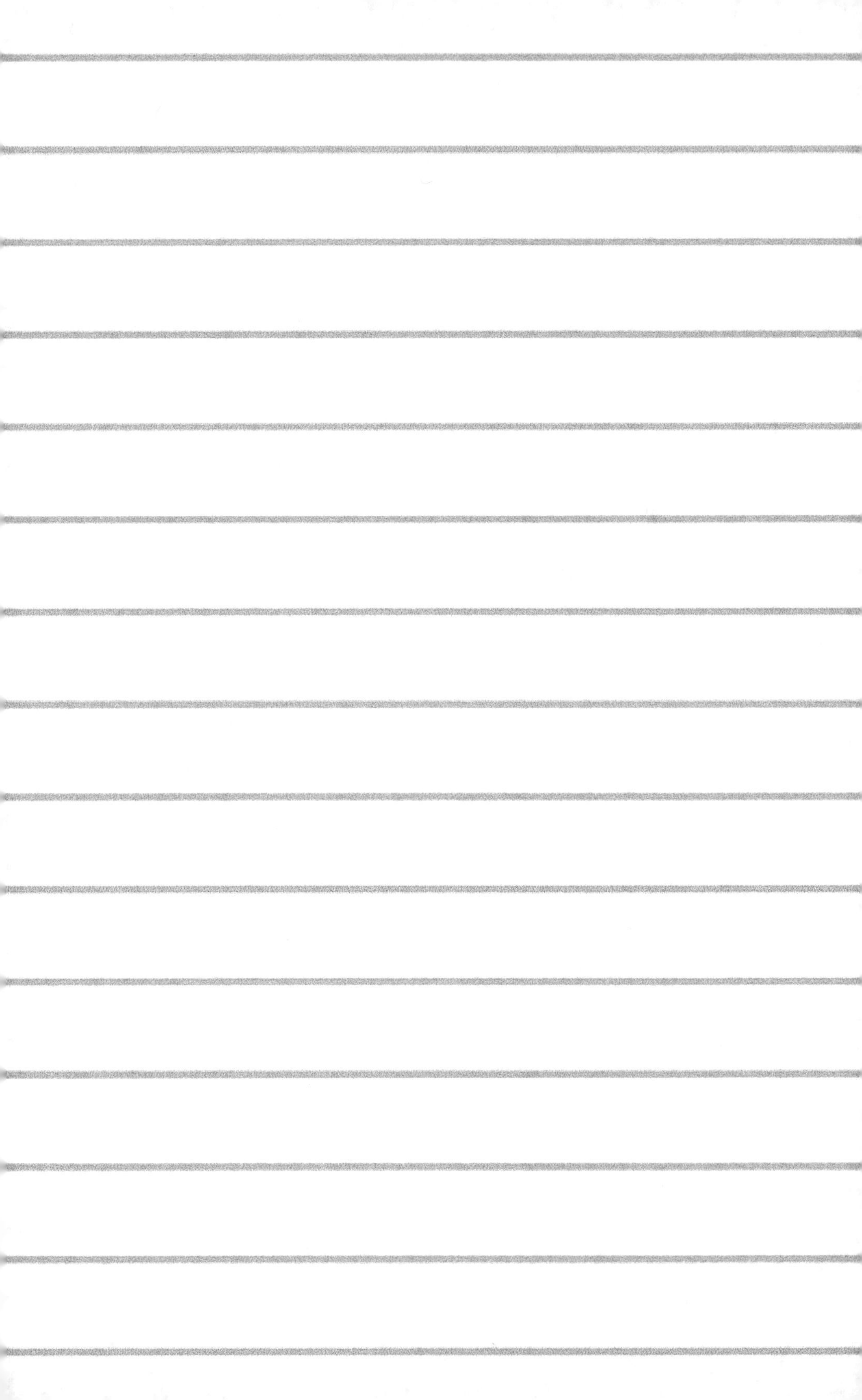